ATLAS
Ilustrado Escolar

Holly Wallace

QED Publishing

ISBN 978 1 59566 998 8

Printed and bound in Singapore

Autora Holly Wallace
Consultores Clive Carpenter y
    Terry Jennings
Editora Eve Marleau
Diseñadora Lisa Peacock
Cartografía Red Lion

Editor Steve Evans
Directora creativa Zeta Davies
Responsable editorial Amanda Askew

Las palabras en *negrita y cursiva* se explican en el glosario de la página 46.

Créditos de las fotografías
Clave: a = arriba, d = debajo, d = derecha, i = izquierda,
c = centro,
PL = Personas y lugares, PR = Productos y recursos,
PA = Plantas y Animales

8–9 PL: Shutterstock 9ai Richard Welter, 9ad Maridav,
9c Konstantin Shevtsov, 9di Jim Guy, 9dc Anson Hung,
9dd Taylor Jackson **PR: Shutterstock** 9ai Petr Vaclavek,
9ad Tatiana Edrenkina, 9ci Dalibor, 9cd Jovan Nikolic, 9d
Lorraine Swanson **PA: Shutterstock** 8ai Mike Tan C.T,
8ac psamtik, 8ad Atlaspix, 8di Scarabaeus, 8dc Chas, 8dd
Viacheslav V. Fedorov
10–11PL: Shutterstock 11ai Mike Norton, 11ac Sandra
van der Steen, 11ad Iofoto, 11ci Chee-Onn Leong, 11cd
IPK Photography, 11d Bhathaway **PR: Shutterstock**
11ai ArchMan, 11ad Chepe Nicoli, 11ci MaszaS, 11cc
Charles T. Bennett, 11cd Nikola Bilicb, 11d Jovan Nikolic
PA: Shutterstock 10ai Steve Byland, 10ac Eric Isselée,
10ad Ultrashock, 10ci and Mighty Sequoia Studio, 10dc
Kippy Lanker, 10dd
12–13 PL: Shutterstock 12a Jennifer Scheer, 12ci
Stuart Monk, 12cc Lisa F.Young, 12cd Albo, 12di
Condor 36, 12dd Rob Byron **PR: Shutterstock** 13ai
Gnuskin Petr, 13ac Jiri Vaclavek, 13ad Nikola Bilic, 13ci
Christopher Dodge, 13cd Anat-oli, 13d Heidi Brand
PA: Shutterstock 13ai James Pierce, 13ac Gabor Ruff,
13ad A Cotton Photo, 13di Goldenangel, 13dc R, 13dd
Mike Truchon
14–15 PL: Corbis 15ci Roger Ressmeyer **Shutterstock**
15a RJ Lerich, 15cci Scott Kapich, 15ccd RJ Lerich, 15cd
Timothy Lee Lantgen, 15d Slazdi **PR: Shutterstock** 15ai
Ahnhuynh, 15tci ShutterVision, 15tcd Provasilich, 15ad
Sean Gladwell, 15di Marcel Jancovic, 15dd Geoffrey
Kuchera **PA:** Photoshot 14ad NHPA/Lee Dalton
Shutterstock 14ai Joseph Galea, 14ac Vitaly Romanovich,
14ci Eric Isselée, 14di Jaana Piira, 14dd Eky Chan
16–17 PL: Alamy Images 16ai Peter Arnold Inc/
Arnold Newman, 16d Moodboard **Shutterstock** 16ac
ATesevich, 16ad Guentermanaus, 16cd Ostill, 16ci
Grigory Kubatyan
PR: Shutterstock 17ai Matka Wariatka, 17ad Heidi
Brand, 17ci Ronald Sumners, 17cd Tatiana Edrenkina,
17di Pavelr, 17dd TsR **PA: Shutterstock** 17ai Karen

Givens, 17ad Urosr, 17ciGraeme Knox, 17cc ZTS, 17cd
Rubens Alarcon, 17d Eric Gevaert
18–19 PL: Shutterstock 18ai Urosr, 18ac Misha
Shiyanov, 18ad Pablo H Caridad, 18ci Mausinda, 18cd
Dan Breckwoldt, 18d Damian Gil **PR: Alamy Images**
19cd Arco Images GmbH **Photolibrary** 19ai National
Geographic **Shutterstock** 19ad Susan L. Pettitt, 19ci
Eric Isselée, 19cc ClimberJAK, 19d Eric Isselée **PA:**
Shutterstock 19ai Marcel Jancovic, 19ad CG-Art, 19ci
Filipe B. Varela, 19cc Nikola Bilic, 19cd Eric Isselée, 19d
Daniel Kirkegaard Mouritsen
20–21PL: Alamy Images 21ci ZenZimage **Shutterstock**
21ai Bond Girl, 21ad WitR, 21cc Eric Gevaert, 21cd
Aneta Skoczewska **PR: Shutterstock** 21ai Heidi Brand,
21ad Pennyimages, 21ci Rui Vale de Sousa, 21cc
Fotohunter, 21cd Shira Raz, 21d Odelia Cohen **PA:**
Dreamstime 20ai Shutterstock 20ac Gert Johannes
Jacobus Vrey, 20ad Tezzstock, 20di Christian Musat, 20dc
Bill Kennedy, 20dd Arkady
22–23 PL: Shutterstock 23ai Ostill, 23ad Lukas Hlavac,
23ci Alessio Ponti, 23cc Galyna Andrushko, 23cd
Faberfoto, 23d Enote **PR: Alamy Images** 23ai Blickwinkel
Shutterstock 23ad James Steidl, 23ci Nathalie Dulex,
23cc Riekephotos, 23cd Norman Chan, 23d Vinicius
Tupinamba **PA: FLPA** 22di Michael & Patricia Fogden
Shutterstock 22ai Liga Alksne, 22tci Eric Isselée, 22acd
Victor Soares, 22ad Jenny Horne, 22dd Helder Almeida
24–25 PL: Shutterstock 25a Stefanie van der Vinden,
25ci Michael Jung, 25cc PhotoSky 4a com, 25cd
Sculpies, 25di Pichugin Dmitry, 25dd Lucian Coman
PR: Shutterstock 25ai Amfoto, 25ac Daniel Kirkegaard
Mouritsen, 25ad Teresa Azevedo, 25di, 25dc Johnny
Lye, 25dd Ahnhuynh **PA: Shutterstock** 24ai Graeme
Shannon, 24ad Johan Swanepoel, 24ci Mashe, 24cc Eric
Isselée, 24cd David Thyberg, 24d NREY
26–27 PL: Alamy Images 27ad Robert Harding Picture
Library Ltd **Getty Images** 27cd Denis Charlet/AFP
Shutterstock 27ai Joe Gough, 27ci Igor Kisselev, 27cd
Stephen Finn, 27d Stelian Ion **PR: Corbis** 26di Niall
Benvie ©2004 The LEGO Group 27ad **Shutterstock**
27ai Tatiana Edrenkina, 27ad Tyler Olson, 27dc, 27dd
Falk Kienas **PA: Shutterstock** 26ai Eric Isselée, 26ac
Stephen Finn, 26ad Keith Levit, 26ci HTuller, 26cd
Thomas O'Neil, 26d 3355m

28–29 PL: Shutterstock 29ai Mary Lane, 29ac
Vladimir Sazonov, 29ad Nagy Melinda, 29ci Alexey
Arkhipov, 29cd Senai Aksoy, 29d Cristina Ciochina **PR:**
Shutterstock 28ai Vladimir Chernyanskiy, 29ad János
Németh, 28ci Prono Filippo, 28cd Zuzule, 28di Scodaru,
28dd Tatarszkij
PA: Shutterstock 29ai Nikola Bilic, 29ad Gallimaufry,
29ci Sspopov, 29cd Dima Kalinin, 29di Tund, 29dd
Yuliyan Velchev
30–31PL: Shutterstock 30ai Piotr Bieniecki, 30ac
PixAchi, 30ad Gueorgui Ianakiev, 30ci Sergey Kamshylin,
30cd Brykaylo Yuriy, 30d Brent Wong **PR: Shutterstock**
31ai Arteretum, 31ad Eric Isselée, 31ci Eric Isselée,
31cc Berit Ullmann, 31cd ARTSILENSEcom, 31d Steve
Noakes
PA: Getty Images 31ai De Agostini Picture Library
Shutterstock 31ad Ilker Canikligil, 31ci Alekcey, 31cc
Katja Kodba, 31cd Blazej Maksym, 31d Dinadesign
32–33 PL: Alamy Images 33d Bryan & Cherry
Alexander Photography **Shutterstock** 33ai Alexander
Chelmodeev,
33tc Denis Babenko, 33ad Dmitry Kosterev, 33ci
Scodaru, 33cd Tatiana Grozetskaya **PR: Rex Features**
33dd **Shutterstock** 33ai Sergey Petrov, 33ac Elena
Schweitzer, 33ad Nicole Branan, 33di Daniel G.Mata,
33dc Dalibor **PA: Shutterstock** 32ai Vladimir Melnik,
32ac Letty17, 32ad 3355m, 32di Arnold John Labrentz,
32dc Tina Rencelj, 32dd Eric Isselée
34–35 PL: Shutterstock 35ai Joseph Calev, 35ac Markus
Sevcik, 35ad Chubykin Arkady, 35ci Ayazad, 35cd
Connors Bros., 35d Vladyslav Byelov **PR: Getty Images**
35ai Lonely Planet Images/Patrick Syder **Shutterstock**
35ad Jovan Nikolic, 35ci Mircea Bezergheanu, 35cc
Johannsen, 35cd Arteretum, 35d Losevsky Pavel **PA:**
Alamy Images 34dd Mike Lane **Shutterstock** 34ai
Armin Rose, 34ac John A. Anderson, 34ad Debra James,
34di Debra James, 34dc Seleznev Oleg
36–37 PL: Shutterstock 36ai Pal Teravagimov,
36ad Chris Howey, 36ci Lebedinski Vladislav, 36cd
ARTEKI, 36cc Jeremy Richards, 36d 0399778584 **PR:**
Shutterstock 37ai Robyn Mackenzie, 37ad Micha
Rosenwirth, 37ci Ygrek, 37cd Arteretum, 37di Marc
Dietrich, 37dd Norman Chan
PA: Shutterstock 37ai Thorsten Rust, 37ad Karen

Givens, 37ci Narcisa Floricica Buzlea, 37cc Benson HE,
37cd Irakite, 37d Vladimir Wrangel
38–39 PL: Alamy Images 39ad Mick Viet/Danita
Delimont, 39ac Image Broker **Shutterstock** 39ai Lakis
Fourouklas, 39ci Vlad Zharoff, 39cd David Wardhaugh,
39d Gusev Mikhail Evgenievich **PR: Shutterstock**
39ai Olga Lyubkin, 39ac Karen Winton, 39ad Joao
Virissimo, 39di A Schweitzer, 39dd Jakub Kozák, 39dc
Le Loft 1911 **PA: Istockphoto** 38dd Chris Dascher
Shutterstock 38ai Kkaplin, 38ad Stanislav Khrapov, 38ci
Craig Dingle, 38cd David Mckee, 38di Jeff Carpenter
40–41PL: Alamy Images 41ci Dennis Cox Shutterstock
41ai Tan Kian Khoon, 41ac Craig Hanson, 41ad
Mares Lucian, 41cd Holger Mette, 41d Freelion **PR:**
Shutterstock 41ai Norman Chan, 41aci Gosper, 41acd
Grzym, 41ad E.G.Pors, 41di Robyn Mackenzie, 41dd
Ivaschenko Roman **PA: Alamy Images** 40dd Natural
Visions/Heather Angel **Shutterstock** 40ai Eric Gevaert,
40ac Dmitrijs Mihejevs, 40ad Eric Isselée, 40di J.
Norman Reid, 40dc Shi Yali
42–43 PL: Alamy Images 43d David Wall
Shutterstock 43ai Jose Gil, 43ad Vera Bogaerts, 43ci
Brooke Whatnall, 43cc 4745052183, 43cd Midkhat
Izmaylov **PR: Shutterstock** 43ai Luis Francisco Cordero,
43ac RTimages, 43ad Mitzy, 43di Marylooo, 43dc
Michael C. Gray, 43dd Philip Lange **PA: Alamy Images**
42dc Stephen Frink Collection **Shutterstock** 42ai Olga
Lyubkina, 42dc Jason Stitt, 42ad Susan Flashman, 42di
Martin Horsky, 42dd Mark R Higgins
44–45 PL: Alamy Images 44ci Mediacolor's
Shutterstock 44ai Viktor Gmyria, 44ad Chris Howey,
44cc Konstantin Shevtsov, 44cd Scott Kapich, 44d
Armin Rose **PR: Shutterstock** 45ai HelleM, 45ad Vera
Bogaerts, 45ci Ramona Heim, 45cd Tonylady, 45di
Alex0001, 45dd Sam Chadwick **PA: Shutterstock** 44ai
Nice_Pictures, 44ad Jan Martin Will, 44ci Ivan Histand,
44cd Gail Johnson, 44di Popovici Loan, 44dd Andromed

Contenido

Cómo usar este atlas

Los mapas son dibujos de cómo se ve la Tierra desde arriba. Los mapas muestran rasgos importantes como los desiertos, ríos y océanos, y cómo de separados están los países en el mundo. Un libro de mapas se llama *atlas*.

1 **Título**
El título te dice qué parte del mundo muestra el mapa.

2 **Localizador en el globo**
El localizador indica en qué parte del mundo están los países del mapa.

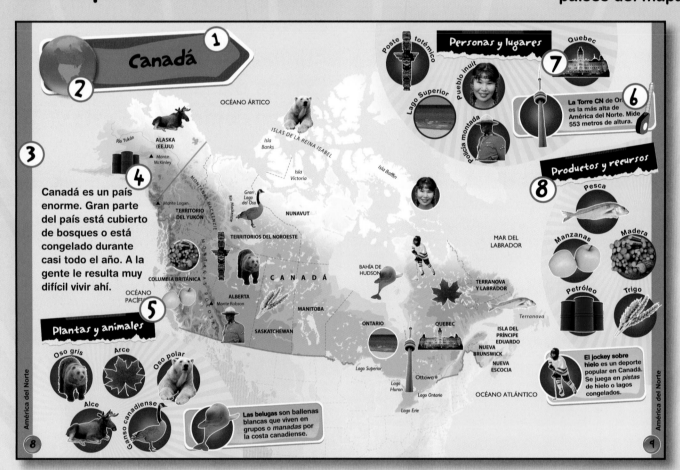

3 **Panel lateral**
Aquí va el nombre del *continente* de los países que salen en el mapa.

4 **Fotografía**
Todas las fotografías que están en las zonas amarillas aparecen en el mapa. ¿Las puedes encontrar?

5 **Plantas y animales**
Hay muchos tipos de plantas y animales en el mundo.

6 **Escala**
Esto significa que esta montaña, catarata o edificio aparece en la *escala* de la página 5.

7 **Personas y lugares**
Los países del mundo y las personas que viven en ellos pueden ser diferentes de muchas maneras.

8 **Productos y recursos**
Los países cultivan, fabrican o utilizan diferentes cosas para ganar dinero.

¿Qué hay en un mapa?

Los mapas utilizan diferentes tipos de letra y colores para mostrar lo que hay en cada país. Por ejemplo, el nombre de un país tiene un tipo de letra distinto que el de un río. Los **símbolos** muestran detalles como las **capitales**.

NORUEGA Nombre de país	ISLAS CANARIAS **Territorio**	Desierto de Sonora **Desierto**	MONTAÑAS AHAGGAR **Cordillera montañosa**
Frontera del país	*Seram* **Isla**	*Lago Vanern* **Lago**	OCÉANO ATLÁNTICO **Océano**
OHÍO **Estado**	*ISLAS ARU* **Grupo de islas**	*Río Misuri* **Río**	GOLFO DE VIZCAYA **Mar pequeño**
Frontera del estado	Berlín ● **Capital**	▲ Monte Galdhopiggen **Montaña**	**Hielo**

Clave de color

Estos colores muestran cómo de alta y de seca es la tierra en distintas áreas.

- más de 2000 metros
- 1500–2000 metros
- 1000–1500 metros
- 500–1000 metros
- 100–500 metros
- 1–100 metros

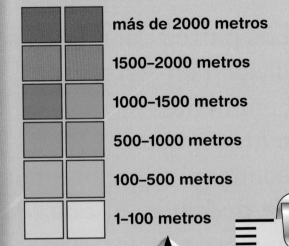

El Monte Everest mide 8848 metros de altura. Esa es la altura de 16 Torres CN.

¿Cómo de alto?

La escala ayuda a mostrar las diferentes alturas de las montañas. Si ves este símbolo, vuelve a esta página para ver cómo de altas son en realidad.

Volcán Cotopaxi 5897 metros
Monte Kilimajaro 5895 metros
Monte Elbrus 5642 metros
Monte Ararat 5137 metros
Mont Blanc 4810 metros
Volcán Colima 4330 metros
Monte Erebus 3794 metros
Monte Fuji 3776 metros
Monte Etna 3329 metros
Monte Olimpo 2919 metros

Monte Pinatubo 1485 metros
Montaña de la Mesa 1086 metros
Monte Rushmore 1078 metros
Salto Ángel 979 metros

La Torre CN mide 553 metros de altura. Eso equivale a 185 autobuses.

Un autobús mide unos 3 metros de altura.

8500 m
8000 m
7500 m
7000 m
6500 m
6000 m
5500 m
5000 m
4500 m
4000 m
3500 m
3000 m
2500 m
2000 m
1500 m
1000 m
500 m
0 m

Mapa del mundo

Los países del mundo se dividen en siete continentes o áreas. Los continentes están rodeados de **océanos**. El **ecuador** es una línea en los mapas que muestra el centro de la Tierra.

AMÉRICA DEL NORTE

OCÉANO ATLÁNTICO

OCÉANO PACÍFICO

ECUADOR

AMÉRICA DEL SUR

Norte, sur, este y oeste

La brújula muestra dónde está el norte, sur, este y oeste. El norte y el sur apuntan a los polos Norte y Sur. Puedes decir "Ningún Elefante Sabe Ortografía" para ayudarte a recordar las direcciones.

OCÉANO ÁRTICO

EUROPA

ASIA

ÁFRICA

OCÉANO PACÍFICO

OCÉANO
ÍNDICO

ECUADOR

OCEANÍA

OCÉANO MERIDIONAL

ANTÁRTIDA

Canadá

OCÉANO ÁRTICO

Río Yukón

ALASKA (EE.UU)

▲ Monte McKinley

ISLAS DE LA REINA ISABEL

Isla Banks

Isla Victoria

Gran Lago del Oso

▲ Monte Logan

TERRITORIO DEL YUKÓN

MONTAÑAS MACKENZIE

Río Mackenzie

NUNAVUT

TERRITORIOS DEL NOROESTE

COLUMBIA BRITÁNICA

MONTAÑAS ROCOSAS

C A N A D Á

Canadá es un país enorme. Gran parte del país está cubierto de bosques o está congelado durante casi todo el año. A la gente le resulta muy difícil vivir ahí.

OCÉANO PACÍFICO

▲ Monte Robson

ALBERTA

MANITOBA

SASKATCHEWAN

Plantas y animales

Oso gris

Arce

Oso polar

Alce

Ganso canadiense

Las belugas son ballenas blancas que viven en grupos o *manadas* por la costa canadiense.

Personas y lugares

Poste totémico

Pueblo inuit

Quebec

Lago Superior

Policía montada

La Torre CN de Ontario es la más alta de América del Norte. Mide 553 metros de altura.

Isla Baffin

MAR DEL LABRADOR

Productos y recursos

Pesca

Manzanas

Madera

BAHÍA DE HUDSON

TERRANOVA Y LABRADOR

Petróleo

Trigo

Terranova

ONTARIO

QUEBEC

ISLA DEL PRÍNCIPE EDUARDO

NUEVA BRUNSWICK

NUEVA ESCOCIA

El jockey sobre hielo es un deporte popular en Canadá. Se juega en *pistas de hielo* o lagos congelados.

Lago Superior

Ottawa

Lago Huron

Lago Ontario

OCÉANO ATLÁNTICO

Lago Erie

EE.UU. Occidental

Estados Unidos de América, o EE.UU., está compuesto por 50 estados. Los estados del oeste tienen de todo, desde altas montañas y desiertos arenosos a islas *volcánicas*.

WASHINGTON
▲ Monte Rainier

Río Columbia

CORDILLERA DE LAS CASCADAS

OREGÓN

IDAHO

MONTANA

MONTAÑAS ROCOSAS

Parque Nacional Yellowstone

▲ Monte Shasta

CALIFORNIA

ESTADOS UNIDOS DE AMÉRICA

GRAN CUENCA

SIERRA NEVADA

CORDILLERA COSTERA

Gran Lago Salado

NEVADA

UTAH

WELCOME TO Fabulous LAS VEGAS NEVADA

VALLE DE LA MUERTE
▲ Monte Whitney

Río Colorado

ARIZONA

Desierto de Mojave

Desierto de Sonora

HAWÁI

OCÉANO PACÍFICO

Plantas y animales

Mariposa cola de golondrina negra

Águila calva

Puma

Secoya

Cabra de las Montañas Rocosas

Los cactus gigantes de saguaro crecen en el desierto de Sonora. Algunos miden más de 13 metros de altura.

Personas y lugares

Géiser Viejo Fiel

Vaqueros

Monte Rushmore

Gran Cañón

Indígenas estadounidenses

Hollywood, en California, se conoce por sus *estudios de cine* y sus actores famosos.

Río Misuri

GRANDES

DAKOTA DEL NORTE

DAKOTA DEL SUR

WYOMING

PRADERAS

NEBRASKA

▲ Monte Elbert
COLORADO

KANSAS

MONTAÑAS ROCOSAS

OKLAHOMA

NUEVO MÉXICO

TEXAS

Productos y recursos

Computadoras

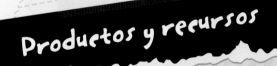

Entretenimiento

WELCOME TO Fabulous **LAS VEGAS** NEVADA

Esquí

Ganado

Minas de cobre

En las granjas de las Grandes Praderas se cultiva más **trigo** que en ningún otro lugar del mundo.

Personas y lugares

Torres de Sears

Montañas Apalaches

Fútbol americano

Cabo Cañaveral

Estatua de la libertad

La Casa Blanca, en Washington D.C. es el lugar donde vive el Presidente de EE.UU.

EE.UU. oriental

La parte oriental de EE.UU. se extiende desde Minnesota a Florida. La capital de Estados Unidos, Washington D.C., está en el este.

MAINE

VERMONT

NUEVA HAMPSHIRE

MASSACHUSETTS

RHODE ISLAND

CONNECTICUT

NUEVA JERSEY

NUEVA YORK

Lago Ontario

PENSILVANIA

MARYLAND

Washington D.C.

DELAWARE

VIRGINIA OCCIDENTAL

Lago Erie

OHIO

Río Ohio

Lago Huron

MICHIGAN

Lago Superior

Lago Michigan

WISCONSIN

ILLINOIS

INDIANA

IOWA

MINNESOTA

Río Misuri

A P A L A C H E S

E S T A D O S   U N I D O S   D E   A M É R I C A

OCÉANO ATLÁNTICO

Naranjas

Jazz

Autos

Acero

Cerdos

En EE.UU. se cultivan millones de semillas de soja al año.

VIRGINIA

CAROLINA DEL NORTE

▲ Monte Mitchell

CAROLINA DEL SUR

GEORGIA

FLORIDA

GOLFO DE MÉXICO

KENTUCKY

TENNESSEE

ALABAMA

MISISIPÍ

LUISIANA

MISURI

ARKANSAS

Río Misisipí

Plantas y animales

Manatí de Florida

praderas

Perrito de las

Cada año, millones de mariposas monarca vuelan desde el norte de EE.UU. a México.

Caimán

Langosta

Palmeras

América del Norte

13

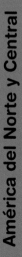
México y América Central

Desierto de Sonora

GOLFO DE CALIFORNIA

BAJA CALIFORNIA

SIERRA MADRE OCCIDENTAL

Río Bravo

SIERRA MADRE ORIENTAL

M E X I C O

GOLFO DE MÉXICO

Lago de Chapala

Ciudad de México

▲ Pico de Orizaba

PENÍNSULA DEL YUCATÁN

OCÉANO PACÍFICO

BELICE
Belmopán

GUATEMALA

HONDURAS
Tegucigalpa

Ciudad de Guatemala

San Salvador

EL SALVADOR

Managua

América Central es la franja de terreno que une el continente de América del Norte con el de América del Sur. México se encuentra al norte de América Central, mientras que las Islas Caribes están en el este.

Plantas y animales

Cactus de nopal

Tucán

Quétzal

Ibis escarlata

Selva virgen

Los monos aulladores viven en la Península del Yucatán de México.

Personas y lugares

Canal de Panamá

Ruinas de Tikal

Volcán de Colima

Pueblo kuna

Río Grande

OCÉANO ATLÁNTICO

> La capital de México es **Ciudad de México**. Es una de las ciudades más grandes del mundo.

BAHAMAS

● Nassau

ISLAS
TURKS AND CAICOS

ISLAS
VÍRGENES   ANGUILLA   SAN MARTÍN
                                              ST. BARTHÉLEMY
SABA   **ANTIGUA Y
                                   BARBUDA**
PUERTO   ST.   ● San Juan
RICO   EUSTATIUS Basse-Terre
                    **SAN KITS   GUADALUPE
                    Y NEVIS**   **DOMINICA**
                              Roseau ●
                    MONTSERRAT   MARTINICA

● La Habana

CUBA

**REPÚBLICA
DOMINICANA**

HAITÍ
Puerto Príncipe ●   ● Santo Domingo

ISLAS
CAIMÁN

JAMAICA ●
        Kingston

Castries ●   **BARBADOS**
SANTA LUCÍA   ●
Kingstown ●   Bridgetown
              **SAN VICENTE Y
              GRANADINAS**
GRANADA
San Jorge ●

M A R   C A R I B E

CURAÇAO
ARUBA   BONAIRE

**TRINIDAD Y
TOBAGO**
Puerto España ●

NICARAGUA

Productos y recursos

COSTA RICA
San José

● Panamá

PANAMÁ

Caña de azúcar

Plata

Plátanos

> Los **textiles**, o telas, que se fabrican en América Central pueden tener colores muy llamativos.

Café

Cricket

Personas y lugares

Río Amazonas

Presa de Itaipú

Catedral de Brasília

Pueblo kayapo

Carnaval

La catarata Salto Ángel de Venezuela es la más alta del mundo. Mide 979 metros desde la parte de arriba a la de más abajo.

Brasil y sus vecinos

Brasil es el país más grande de América del Sur. También es el más poblado. En América del Sur se hablan muchos idiomas, como portugués, español, holandés e inglés.

OCÉANO ATLÁNTICO

Paramaribo

GUAYANA FRANCESA

Georgetown

SURINAME

GUYANA

VENEZUELA

Caracas

Cataratas Salto Ángel

MACIZO DE LAS GUYANAS

Río Orinoco

Lago Maracaibo

Río Negro

Río Solimões

Río Amazonas

CUENCA DEL AMAZONAS

Productos y recursos

Algodón

Semillas de soja

Madera

Fútbol

Lana

Los frutos secos de Brasil, la fruta y el caucho provienen de la selva del Amazonas.

BRASIL

• Brasilia

MESETA DEL BRASIL

▲ Montaña Pan de Azúcar

MATO GROSSO

Río Paraná

PARAGUAY

Asunción

URUGUAY

• Montevideo

Plantas y animals

Jaguar

Guacamayo escarlata

Árbol del caucho

Lirio acuático gigante

Piraña

Los monos tití león dorado son muy escasos y viven en una zona del bosque de la costa este de Brasil.

Los Andes

La cordillera de los Andes se extiende por todo lo largo de América del Sur. Va desde Colombia, al norte, a Chile en el sur.

Personas y lugares

Gaucho

Machu Picchu

Glaciar Perito Moreno

Volcán de Cotopaxi

Lago Titicaca

El Desierto de Atacama de Chile es el lugar más seco de la Tierra. En algunos lugares no ha llovido desde hace años.

Pico Cristóbal Colón▲

Bogotá
COLOMBIA

Quito
ECUADOR

PERÚ

▲ Huascarán
Lima

Río Amazonas

CORDILLERA DE LOS AN...

BOLIVIA

Lago Titicaca
La Paz

ISLAS GALÁPAGOS

OCÉANO ATLÁNTICO

OCÉANO PACÍFICO

Productos y recursos

Esmeraldas

Ovejas

Café

Minas de cobre

sardinas

En los viñedos de Chile se cultivan uvas. La mayoría se usa para hacer vino.

Sucre

CORDILLERA DE LOS ANDES

Desierto de Atacama

CHILE

Cerro Aconcagua

Valparaíso
Santiago

Buenos Aires

ARGENTINA

Río Paraná

P A T A G O N I A

ISLAS MALVINAS

Tierra del Fuego

Cabo de Hornos

Plantas y animales

Ciénagas de mangle prieto

Oso de anteojos

Pingüino de Magallanes

Tapir de los Andes

Cóndor de los Andes

Los habitantes de los Andes utilizan las llamas por su carne, la leche y la lana y para llevar mercancías.

África del norte y el Sahara

Gran parte del norte de África está cubierta por el desierto del Sahara, el desierto más grande del mundo. En muchas zonas **costeras** el tiempo es menos seco y las **cosechas** pueden crecer bien.

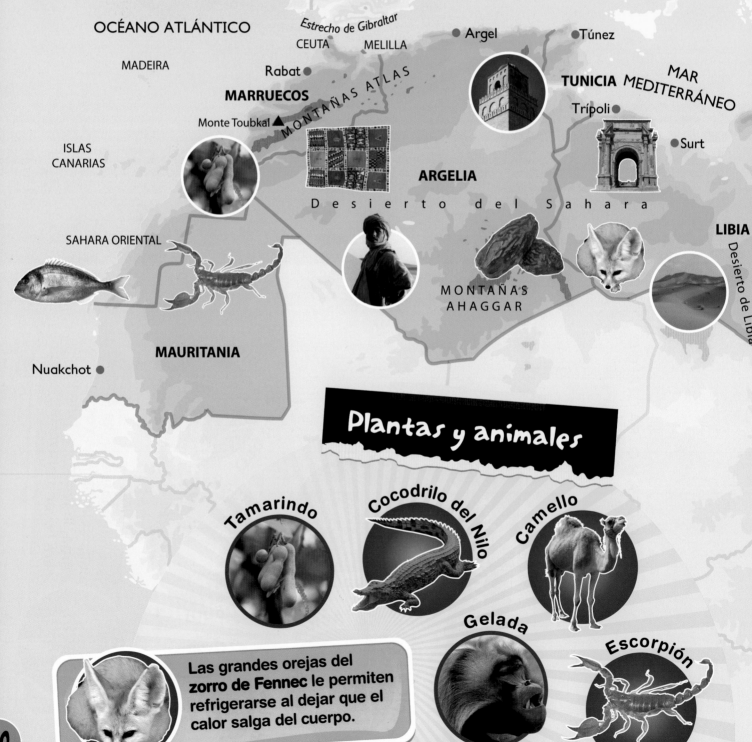

OCÉANO ATLÁNTICO

Estrecho de Gibraltar

CEUTA   MELILLA

Argel

Túnez

MADEIRA

Rabat

MARRUECOS

MONTAÑAS ATLAS

TUNICIA

MAR MEDITERRÁNEO

Trípoli

Monte Toubkal ▲

ISLAS CANARIAS

ARGELIA

Surt

Desierto del Sahara

LIBIA

Desierto de Libia

SAHARA ORIENTAL

MONTAÑAS AHAGGAR

MAURITANIA

Nuakchot

Plantas y animales

Tamarindo

Cocodrilo del Nilo

Camello

Gelada

Escorpión

Las grandes orejas del **zorro de Fennec** le permiten refrigerarse al dejar que el calor salga del cuerpo.

Dunas de arena

Personas y lugares

Ruinas de Leptis Magna

Pueblo berebere

Mar Rojo

Mezquita

Las **pirámides** de Egipto se construyeron hace miles de años como **tumbas** para los reyes.

Productos y recursos

Pesca

Algodón

Melaza

Café

Alfombras

Canal de Suez

El Cairo

Península del Sinaí

EGIPTO

Río Nilo

Desierto de Nubia

MAR ROJO

Jartum

ERITREA

Asmara

Ras Dashen ▲

Lago Tana

YIBUTI

Yibuti

GOLFO DE ADÉN

SUDAN

Río Nilo Azul

Addis Abeba

SOMALIA

Río Nilo Blanco

ETHIOPIA

OCÉANO ÍNDICO

Los **dátiles** crecen en las palmeras de dátiles. Se encuentran por todo el norte de África.

Mogadiscio

África del oeste, central y del este

El África occidental y central se extiende desde el Senegal al oeste, a Kenia al este. En el oeste y en el centro están las **selvas tropicales**. En el norte están las **tierras de pastoreo**.

MALÍ

D e s i e r t o   d e l   S a h a r a

NÍGER

Río Níger

CABO VERDE

• Praia

Dakar • **SENEGAL**

Banjul • **GAMBIA**

Niamey •

Lago Chad

N'Djamena •

OCÉANO ATLÁNTICO

Bissau • **GUINEA-BISSAU**

GUINEA

• Bamako

Ouagadougou •

BURKINA FASO

BENÍN

NIGERIA

Conakry •

Freetown • **SIERRA LEONA**

COSTA DE MARFIL

Lago Volta

TOGO

GHANA

Porto-Novo •

• Abuja

Monrovia •

Yamusukro •

Lomé •

Cotonou •

LIBERIA

Abidján •

Accra •

CAMERÚN

GOLFO DE GUINEA

Malabo •

• Yaundé

GUINEA ECUATORIAL

Santo Tomé •

• Libreville

SANTO TOMÉ Y PRÍNCIPE

GABÓN

REPÚBLICA DEL CONGO

Brazzaville • Kinshasa

Plantas y animales

Acacia

Hipopótamo

Elefante

Flamenco

Víbora de la arena

Los gorilas de las montañas viven en el Parque Nacional de los Volcanes de Ruanda. Sólo quedan unos pocos.

África

22

Personas y lugares

Pueblo tuareg

Pueblo masai

Río Nilo

Desierto del Sahara

Dakar

El monte **Kilimanjaro** es la montaña más alta de África. Mide más de 5890 metros de altura.

CHAD

REPÚBLICA CENTRO AFRICANA

Bangui

Río Congo

REPÚBLICA DEMOCRÁTICA DEL CONGO

Lago Turkana

UGANDA

Kampala

Lago Victoria

GRAN VALLE DEL RIFT

KENIA

▲ Monte Kenia

Nairobi

RUANDA ● Kigali

Bujumbura ●
BURUNDI

Lago Tanganica

▲ Monte Kilimanjaro

Dodoma ●

TANZANIA

● Dar es Salaam

Productos y recursos

Aceite de palma

Diamantes

Cacao

Almendras anacardo

Ganado

La **raíz de casaba** es uno de los alimentos que más se consumen en África.

África del sur

Los desiertos secos y calurosos se extienden por un área grande del sur de África. La isla de Madagascar se encuentra al este. En esa isla hay mucha *fauna salvaje*.

OCÉANO ATLÁNTICO

Plantas y animales

Gacela

Tortuga leopardo

Baobab

Camaleón enano

Cebra

Los lémures son animales parecidos a los monos y viven en la isla de Madagascar.

Luanda

ANGOLA

ZAMBIA

Lusaka

Cascadas de Victoria

Desierto

Delta de Okavango

NAMIBIA

Windhoek

BOTSUANA

Desierto del Kalahari

Gaborone

de Namibia

Pretoria

Río Orange

Maseru
LESOTO

SURÁFRICA

Montaña de la Mesa

Ciudad del Cabo

Cabo de Buena Esperanza

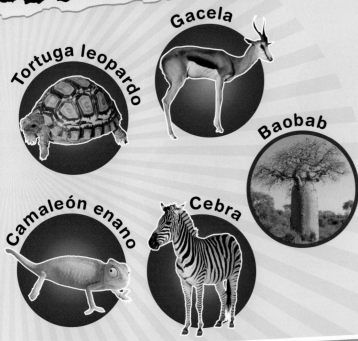

Cascadas de Victoria

Pueblo zulú

Cabo de Buena Esperanza

Pueblo san

Desierto de Kalahari

La montaña de la **Mesa** tiene la cima plana. Está en las afueras de la Ciudad del Cabo en Suráfrica.

• Victoria

SEYCHELLES

• Moroni

OCÉANO ÍNDICO

Lago Malaui

•Lilongüe

MALAUI

COMORAS   MAYOTTE

Río Zambezi

•Harare

ZIMBABUE

MADAGASCAR

• Antananarivo

MAURICIO

• Port Louis

MOZAMBIQUE

REUNIÓN

Río Limpopo

Productos y recursos

•Maputo
Mbabane
Lobamba
SUAZILANDIA

Moluscos

Uvas

Clavo

Maíz

Caña de azúcar

El turismo es una gran industria en el sur de África, sobre todo los *safaris*.

Europa del norte

Europa del norte se extiende desde la República de Irlanda al oeste a Letonia al este. Los países del norte como Noruega y Suecia son muy fríos. En algunos países hay bosques muy densos.

ISLANDIA
●Reykiavik

ISLAS FEROE

Plantas y animales

Ganado vacuno de las tierras altas

Renos

Zorro del Ártico

Águila dorada

Frailecillo

ISLAS SHETLAND

OCÉANO ATLÁNTICO

ISLAS HÉBRIDAS

ESCOCIA

ISLAS ÓRCADAS

MONTES GRAMPIANOS
▲ Ben Nevis

Río Forth

MAR DEL NORTE

IRLANDA DEL NORTE

REPÚBLICA DE IRLANDA
Dublín ●

ISLA DE MAN

INGLATERRA

REINO UNIDO

Monte Snowdon ▲

MAR DE IRLANDA

Río Severn

GALES

Río Támesis ●Londres

Un bosque inmenso de coníferas llamado taiga crece en el norte de Finlandia, Noruega y Suecia.

ISLAS SCILLY

CANAL DE LA MANCHA

JERSEY

GUERNSEY

MAR DE
NORUEGA

*ISLAS
LOFOTEN*

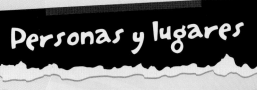

Río Tome

Río Lule

Vikingos

Pueblo sami

Calzada gigante

Londres

Túnel del canal

NORUEGA

Río Glomma

▲ Montes
Galdhopiggen

SUECIA

GOLFO DE BOTNIA

FINLANDIA

Río Dal

Oslo ●

Estocolmo ●

ÁLAND

Helsinki ●

Golfo de Finlandia

Lago Vanern

*Lago
Vatterns*

● Tallín

ESTONIA

*Lago
Peipus*

Gotland

*Golfo de
Riga*

Riga ●

LETONIA

DINAMARCA

Copenhague ●

MAR BÁLTICO

LITUANIA

Vilna ●

Los **fiordos** son
valles estrechos
y largos que
se encuentran
en la costa de
Noruega.

Salto de esquí

Madera

Textiles

Róbalo

Ámbar

El parque
temático
Legoland® de
Dinamarca se
construyó con
50 millones de
piezas de Lego.

Europa Occidental

Europa Occidental tiene muchas montañas, cordilleras, lagos y bosques. Las zonas costeras del Mar Mediterráneo suelen ser muy calurosas en verano. Muchos *turistas* visitan esta *región* todos los años.

OCÉANO ATLÁNTICO

CANAL DE LA MANCHA

París

Río Loira

FRANCIA

GOLFO DE VIZCAYA

MACIZO CENTRAL

PIRINEOS

ANDORRA

Andorra la Bella

SISTEMA IBÉRICO

Río Ebro

ESPAÑA

Madrid

PORTUGAL

Río Tajo

Lisboa

ISLAS BALEARES

Río Guadalquivir

GIBRALTAR
CEUTA

MELILLA

Plantas y animales

Abubilla

Ciervo rojo

Cabra montesa

Caballo salvaje

Pino

Las marmotas alpinas se pasan el invierno durmiendo en sus *madrigueras* o cuevas, bajo la tierra.

MAR DEL NORTE

MAR BÁLTICO

Ijsselmeer

Ámsterdam

La Haya

PAÍSES BAJOS

Bruselas

BÉLGICA

Berlín

ALEMANIA

Río Elbe

Río Main

LUXEMBURGO

Luxemburgo

Río Mosa

Río Siena

Río Rin

Río Danubio

Lago Constanza

Viena

AUSTRIA

LIECHTENSTEIN

Vaduz

Berna

SUIZA

Lago Ginebra

Mont Blanc

Río Ródano

A L P E S

DOLOMITAS

Lago Garda

ITALIA

SAN MARINO

San Marino

Mónaco

MÓNACO

Córsica

A P E N I N O S

MAR ADRIÁTICO

CIUDAD DEL VATICANO

(en Roma)

Roma

Cerdeña

MAR MEDITERRÁNEO

Monte Etna

Sicilia

MALTA

La Valeta

Personas y lugares

Monte Etna

Catedral de la Sagrada Familia

Torre Belem

Coliseo

Torre Eiffel

Los **Alpes** son la cordillera montañosa más alta de Europa occidental. El pico más alto es el Mont Blanc.

Productos y recursos

Euros

Naranjas

Queso

Turismo

Motocicletas

El **corcho** sale de los alcornoques. Muchos de estos árboles crecen en el sur de Portugal.

Personas y lugares

Catedral Alexander Nevskyl

Monte Olimpo

Castillo Peles

Río Vístula

Kiev

El Partenón se encuentra en una colina de Atenas, en Grecia. Tiene casi 2500 años.

Europa central y del este

Los países de Europa central y del este tienen altas montañas, llanuras planas y largos ríos. Hay muchas ciudades grandes, pero casi toda la tierra se usa para la agricultura y la *industria*.

MAR BÁLTICO

• Praga

REPÚBLICA CHECA

Río Odra

POLONIA

• Varsovia

Río Vístula

MONTES ▲ Monte Gerlach
TATRA

ESLOVAQUIA

• Bratislava

Budapest •

MONTES CÁRPATOS

• Minsk

BELARÚS

Kiev •

UCRANIA

Río Dnieper

MOLDAVIA

Kishinau •

MAR DE AZOV

Crimea

Kiev

MAR NEGRO

Productos y recursos

Aceite de oliva

Cristal

Ganado vacuno

Maquinaria

Turismo

Las rosas que crecen en Bulgaria son especiales y se usan para hacer *aceites aromáticos.*

ESLOVENIA
Liubliana

HUNGRÍA
Zagreb

CROACIA

BOSNIA Y HERZEGOVINA
Sarajevo

MONTENEGRO
Podgorica

SERBIA
Belgrado

KOSOVO
Pristina

MACEDONIA
Skopie

ALBANIA
Tirana

RUMANIA
Bucarest
Río Danubio

BULGARIA
Sofía

MONTES BALCANES

MONTES PINDO

GRECIA
Monte Olimpo ▲

Atenas

MAR EGEO

MAR DE CRETA
Creta

MAR MEDITERRÁNEO

MAR ADRIÁTICO

Plantas y animales

Lobo gris

Gamuza

Árboles coníferos

Edelweiss

Pelícano

Se pueden ver delfines nadando cerca de los barcos en el Mar Egeo.

Europa

31

Rusia y Asia central

Rusia es el país más grande del mundo. Se extiende entre los continentes de Europa y de Asia. Los ocho países de Asia central se encuentran al suroeste de Rusia.

OCÉANO ÁRTICO

MAR DE BARENTS

RUSIA

Moscú

MONTES URALES

R U S

Río Volga

Río Ob

A

MAR NEGRO

E S T E P A

Monte Elbrus ▲

MAR CASPIO

Astana

GEORGIA

Mar de Aral

KAZAJISTÁN

Tbilisi

ARMENIA

Lago Balkhash

Erevén

AZERBAIYÁN

Bakú

UZBEKISTÁN

Amu Darya River

TURKMENISTÁN

Bishkek

Tashkent

KIRGUIZISTÁN

Asjabad

Duchanbé

TAYIKISTÁN

Plantas y animales

Foca harpa

Oso pardo

Bosque de taiga

Alce

Champiñón salvaje

El tigre siberiano sólo vive en la parte más al este de Rusia, en la frontera con China.

MAR DE BERING

Río Volga

Centro espacial

Catedral de San Basilio

Lago Baikal

S I B E R I A

I A

Monte Elbrus

MAR DE OJOTSK

Río Lena

Lago Baikal

El pueblo nenet vive en el norte de Rusia. Hace su ropa con pieles de animales para protegerse del frío.

OCÉANO PACÍFICO

Productos y recursos

Carbón

Ballet de Bolshoi

Grano

Caviar

Petróleo

El tren transiberiano va del este de Europa a China.

Oriente Medio

MAR MUERTO

Mar de Marmara

Monte Ararat ▲

Lago Van

Lago Urmia

• Ankara **TURQUÍA**

MESETA DE ANATOLIA

MAR EGEO

MONTES TAURO

Río Tigris

Lago Assad

Río Éufrates

SIRIA

Casi todo el Oriente
Medio está cubierto
de desiertos
calientes y
arenosos. En algunos
países se han encontrado
grandes cantidades de
petróleo debajo de los
desiertos.

CHIPRE • Nicosia

LÍBANO
Beirut •

Desierto de Siria

Bagdad •

IRAQ

MAR
MEDITERRÁNEO

• Damasco

ISRAEL BANCO DEL OESTE

Jerusalén • • Ammán

FRANJA DE GAZA Mar
Muerto

JORDANIA

D e s i e r t o

M A R   R O J O

Plantas y animales

Escarabajo pelotero

Flamenco

Morena

Tulipán

Camello

El orix árabe vive en
el Desierto de Arabia.
Puede pasar semanas
sin beber agua.

Hotel Buró-Al-Arab

Ruinas de Petra

Monte Ararat

Edificio Kaaba

Mezquita azul

MAR CASPIO

▲ Monte Damavand
● Teherán

Gran Desierto de Sal

IRÁN

Gran Desierto de Arena

MONTES ZAGROS

El **Mar Muerto** es un lago que se encuentra entre Israel y Jordania. Tiene tanta sal que puedes flotar con facilidad.

KUWAIT
● Kuwait

GOLFO DE OMÁN

BAHRÁIN
Manama ● QATAR
● Doha

● Abu Dhabi

● Mascate

EMIRATOS ÁRABES UNIDOS   OMÁN

MAR ARÁBIGO

● Riad

ARABIA SAUDÍ

d e   A r a b i a

Rub 'al Khali (Cuarto Vacío)

Productos y recursos

Ovejas

Trigo

Dátiles

Café

Té

YEMEN

● Sanaa

Irán es famoso por sus *alfombras* persas hechas a mano. Están hechas de lana.

Asia

35

Personas y lugares

Templo Sri Meenakshi

Pueblo drupka

Desierto del Thar

Monte Everest

Río Ganges

El Taj Majal en India se construyó como una tumba para una emperatriz india hace más de 400 años.

Asia del sur

AFGANISTÁN
Kabul

PAKISTÁN
Islamabad

Río Indo

Desierto del Thar

Río Narmada

Delhi

INDIA

Río Brahmaputra

Ganges River

NEPAL
Katmandú

H I M A L A Y A S

Monte Everest

BUTÁN
Thimbu

BANGLADESH
Dhaka

GOLFO DE BENGALA

India es el país más grande del sur de Asia. El Monte Everest es la montaña más grande del mundo; está en los Himalayas, al noroeste de la India.

ISLAS ANDAMÁN

ISLAS NICOBAR

MAR ARÁBIGO

WESTERN GHATS

EASTERN GHATS

OCÉANO ÍNDICO

SRI LANKA

Colombo ●

Malé ●

MALDIVAS

Productos y recursos

Turismo

Frutos secos

Té

Arroz

Cuero

Sri Lanka es famoso por sus piedras preciosas, incluyendo los zafiros, amatistas y rubíes.

Plantas y animales

Tigre

Panda rojo

Elefante

Pavo real

Flor de loto

El grueso pelaje del leopardo nival le mantiene caliente en las montañas frías donde vive.

Sureste de Asia

El sureste de Asia es un área cálida y lluviosa compuesta de una zona no muy grande de *territorio continental* y muchas islas pequeñas. Indonesia es un país que tiene más de 3000 islas.

Hkakabo Razi

Río Irrawaddy

Río Salween

BIRMANIA (MYAMAR)

Naypyidaw

VIETNAM
Hanoi

LAOS
Vientián

MAR DE CHINA MERIDIONAL

TAILANDIA

Mekong River

Bangkok

CAMBOYA
Phnom Penh

MAR DE ANDAMÁN

M A L A I S I A

Putrajaya

Kuala Lumpur
SINGAPUR
Singapur

MONTAÑAS BARISAN

Sumatra

OCÉANO ÍNDICO

MAR DE JAVA

Anak Krakatoa ▲

Jakarta

Java

Plantas y animales

Flor de la raflesia

Tapir

Zorro volador

Orangután

Cálao

El dragón de Komodo de Indonesia puede llegar a medir 3 metros de largo y es el lagarto más grande

Personas y lugares

Río Mekong

Monte Pinatubo

Pueblo asmat

Torres Petrona

Monumento Borobodu

Luzón

▲ Monte Pinatubo

● Manila

FILIPINAS

OCÉANO PACÍFICO

Palawan

Mindanao

MAR DE SULU

MAR DE CÉLEBES

ISLAS MALUCAS

● Bandar Seri Begawan

BRUNÉI

Borneo

Sulawesi

MAR DE SERAM

Ceram

Nueva Guinea del Oeste

Puncak Jaya ▲

ISLAS ARU

MAR DE BANDA

I N D O N E S I A

MAR DE FLORES

● Dili

Flores

TIMOR ORIENTAL

Bali

Lombok

SUMBA

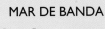

El **Angkor Wat** es un *templo* de Camboya. Se construyó hace cientos de años.

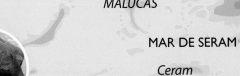

Las islas Maluku son famosas por sus cultivos de canela, nuez moscada y otras **especias**.

Productos y recursos

Cocos

Madera de sándalo

Rubíes

Estaño

Goma

China y sus vecinos

China y los países vecinos se encuentran en la parte más al este de Asia. China es un país enorme; una de cada cinco personas del mundo vive ahí.

Ulán Bator

MONGOLIA

Desierto de Gobi

MONTES ALTAY

Río Amarillo

Desierto de Taklimakan

MONTAÑAS ALTÚN

MONTAÑAS KUNLUN

C H I N A

MONTAÑAS KARAKÓRUM

H I M A L A Y A S

MESETA DEL TIBET

Río Yangtse

▲ Monte Everest

Plantas y animales

Perro salvaje de Dhole

Macaco

Yak

Cormorán japonés

Orquídea

Los pandas gigantes sólo viven en unos bosques de China donde se alimentan de *bambú*.

Hokkaido

MAR
DEL
JAPÓN

Honshu

JAPÓN

COREA DEL NORTE

● Pyongyang

● Seúl

● Tokio

Monte Fuji ▲

COREA DEL SUR

Pekín ●

MAR
AMARILLO

Estrecho de Corea

Shikoku

Kyushu

OCÉANO
PACÍFICO

MAR DE
CHINA
ORIENTAL

Gran Canal

Ejército de terracota

Hong Kong

Gobi Desert

Gran Canal

Monte Fuji

La Gran Muralla de China se extiende durante casi 3500 kilómetros por el este de China.

● Taipei

TAIWAN

HONG KONG
MACAO

MAR DE
CHINA
MERIDIONAL

Hainan

Computadoras

Televisores

Barcos

Bancos

Arroz

El pescado es un alimento muy popular en Japón. Es el país que más pesca del mundo.

Oceanía

Oceanía está compuesto de cientos de islas en el Océano Pacífico. Oceanía es el continente más pequeño del mundo, pero Australia es uno de los países más grandes. Nueva Zelanda está compuesta de dos islas más pequeñas.

PAPÚA NUEVA GUINEA

▲ Monte Hagen

Port Moresby ●

MAR DE CORAL

OCÉANO ÍNDICO

Gran Desierto de Arena

TERRITORIO DEL NORTE

QUEENSLAND

AUSTRALIA

GRAN CORDILLERA DIVISORIA

AUSTRALIA OCCIDENTAL

Simpson Desert

Gran Desierto de Victoria

AUSTRALIA DEL SUR

Lago Eyre

NUEVO GALES DEL SUR

● Canberra

TERRITORIO CAPITAL AUSTRALIANO

VICTORIA

Estrecho de Bass

Tasmania

Plantas y animales

Cocotero

Pájaro kivi

Cocodrilo

Árbol eucalipto

Ballena jorobada

Los **canguros** son animales llamados *marsupiales*. Las madres llevan a sus crías en una *bolsa*.

Personas y lugares

Roca Ayers

Casa de la Ópera de Sydney

Pueblo aborigen

Pueblo maori

Lago Eyre

OCEÁNO PACÍFICO

ISLAS MARIANAS SEPTENTRIONALES

GUAM

ISLAS MARSHALL

ESTADOS FEDERADOS DE MICRONESIA

Melekeok

PALAU

• Palikir

• Delap-Uliga-Darrit

Yaren

NAURU

• Bairiki

TUVALU

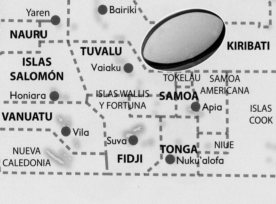

KIRIBATI

ISLAS SALOMÓN

Vaiaku •

Honiara •

ISLAS WALLIS Y FORTUNA

TOKELAU

SAMOA AMERICANA

SAMOA

• Apia

ISLAS COOK

VANUATU

• Vila

Suva •

NUEVA CALEDONIA

FIDJI

TONGA

• Nuku'alofa

NIUE

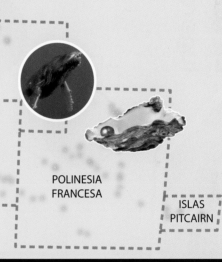

POLINESIA FRANCESA

ISLAS PITCAIRN

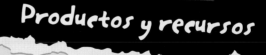

La **Gran Barrera de Coral** del este de Australia es el *arrecife de corral* más grande del mundo.

Isla Norte

Cook Strait

• Wellington

NUEVA ZELANDA

ALPES DEL SUR

▲ Monte Cook

Isla Sur

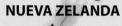

Productos y recursos

Lana

Perlas negras

Rugby

Ópalos

Batatas

En Nueva Zelanda se cultivan más **kivis** que en ninguna otra parte del mundo.

El Ártico y la Antártida

El Ártico está en el norte del mundo. La Antártica está en el sur. Son los lugares más fríos de la Tierra.

Círculo Ártico

MAR DE SIBERIA ORIENTAL

MAR DE LAPTEV

Severnaya Zembla

MAR DE LOS CHUKCHI

OCÉANO ÁRTICO

MAR DE BEAUFORT

Polo Norte ★

Tierra de Francisco José

Nueva Zembla

MAR DE KARA

MAR DE BARENTS

SVALBARD

ISLAS DE LA REINA ISABEL

MAR DE GROENLANDIA

GROENLANDIA

Isla Baffin

MAR DE NORUEGA

Monte Gunnbjørn ▲

Personas y lugares

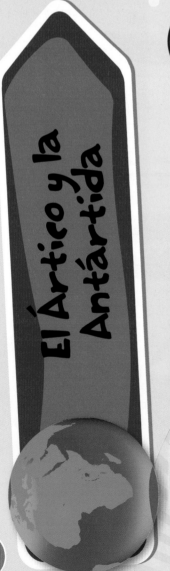

Glaciar de Lambert

Monte Erebus

Iceberg

Groenlandia

Pueblo inuit

Científicos de todo el mundo trabajan en la estación de investigación de Vostok en la Antártida.

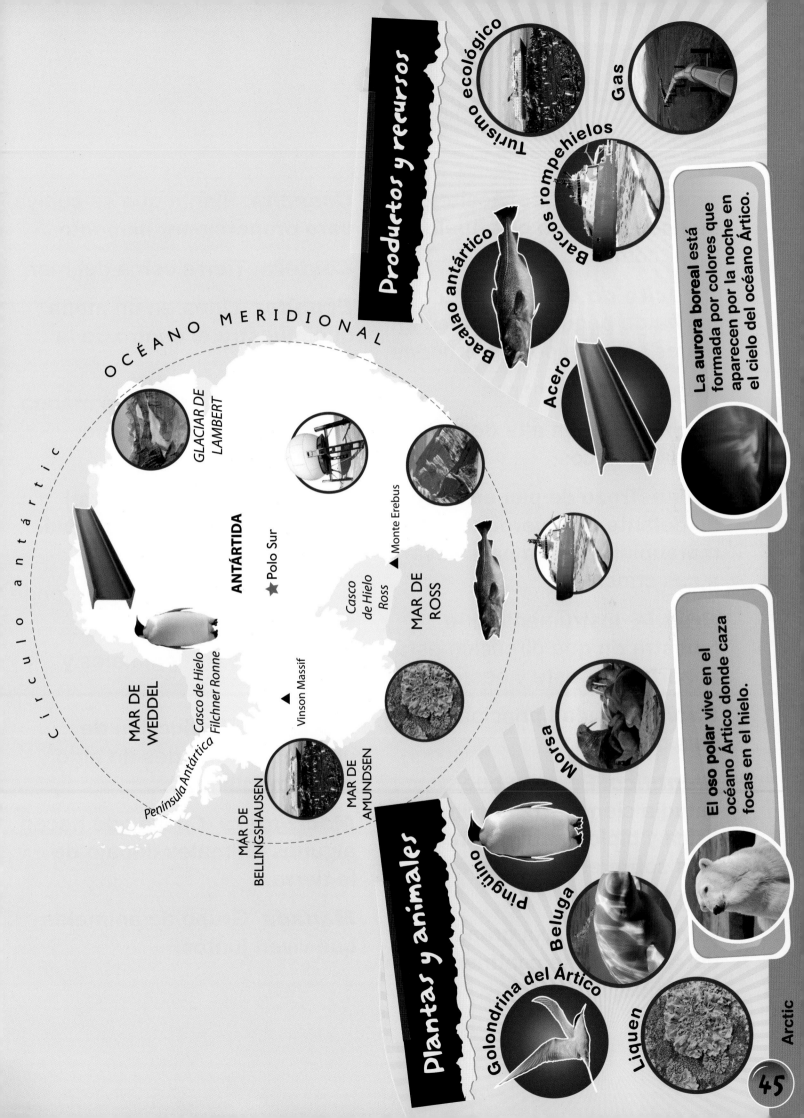

OCÉANO MERIDIONAL

Círculo antártic

Círculo antártic

Productos y recursos

Turismo ecológico

Gas

Barcos rompehielos

Bacalao antártico

Acero

La aurora boreal está formada por colores que aparecen por la noche en el cielo del océano Ártico.

GLACIAR DE LAMBERT

▲ Monte Erebus

ANTÁRTIDA

★ Polo Sur

Casco de Hielo Ross

MAR DE ROSS

MAR DE WEDDEL

Casco de Hielo Filchner Ronne

Península Antártica

▲ Vinson Massif

MAR DE BELLINGSHAUSEN

MAR DE AMUNDSEN

El oso polar vive en el océano Ártico donde caza focas en el hielo.

Morsa

Pingüino

Beluga

Plantas y animales

Golondrina del Ártico

Liquen

Arctic

45

Glosario

Aceite aromático Aceite que se hace con algo que huele bien, como las rosas.

Arrecife de coral Cresta hecha de pequeños corales en aguas saladas poco profundas.

Atlas Libro de mapas.

Bambú Hierba alta de tallos duros y huecos.

Bolsa Trozo de piel en la parte de delante del cuerpo de un marsupial que usa para llevar a sus crías.

Brújula Instrumento que muestra en qué dirección están el norte, sur, este y oeste.

Capital Ciudad principal de un país o estado.

Científico Persona que estudia ciencias tipo química, física y biología para aprender más sobre el mundo que nos rodea.

Continente Masa grande de tierra. Hay siete continentes en el mundo.

Cosecha Planta que se cultiva para proporcionar alimento.

Costera Tierra cerca del mar.

Ecuador Línea en un mapa que muestra el centro de la Tierra.

Emperatriz Mujer que manda en un imperio o grupo de países o estados.

Escala Forma de medir el tamaño de algo, por ejemplo, una montaña.

Estudios de cine Lugar donde se hacen las películas.

Fauna salvaje Animales y plantas.

Industria Producción de grandes cantidades de algo, como maquinaria.

Madriguera Cueva que hacen algunos animales debajo de la tierra.

Manada Grupo de animales que viven juntos.

Marsupial Animal que lleva a sus crías en una bolsa de piel que tiene en la parte de delante del cuerpo.

Océanos Una de las cinco grandes extensiones de agua salada que rodea los continentes del mundo.

Petróleo Líquido que se usa para hacer máquinas, como los autos.

Pista de hielo Superficie hecha de hielo para patinar o jugar al jockey.

Población Número de personas que viven en un lugar, ciudad o país.

Región Área grande de un país.

Safari Viaje especial para ver animales salvajes, normalmente en África.

Selva tropical Zona cálida y húmeda con muchos árboles que crecen muy juntos.

Símbolo Dibujo o señal que tiene un significado determinado.

Templo Edificio donde la gente va a rezar.

Territorio continental Parte principal de la tierra que forma un país o continente.

Textiles Tela hecha en grandes cantidades.

Tierra de pastoreo Zona grande de terrero cubierta sobre todo de hierba.

Tumba Lugar donde se entierra a una persona muerta.

Turista Alguien que visita un país o lugar por placer.

Valle Zona baja de terreno situada entre dos zonas más altas.

Vecinos Sitio o país que está al lado.

Viñedos Zonas de terreno donde se cultivan uvas.

Volcánico Tierra, cenizas o lava que salen de un volcán. Por ejemplo, Hawái está hecho de islas volcánicas.

Índice